SOBRAS

ELADIO ORTA

Título: SOBRAS
Autor: ELADIO ORTA

Fotografía de portada: José Luis Rúa Nácher

Editorial: WANCEULEN EDITORIAL
Sello Editorial: WANCEULEN POÉTICA

ISBN Papel: 978-84-9993-944-5
ISBN Ebook: 978-84-9993-945-2

DEPÓSITO LEGAL: SE 2177-2018

Impreso en España. 2018.

WANCEULEN S.L. C/ Cristo del Desamparo y Abandono, 56 - 41006 Sevilla
Webs: www.wanceuleneditorial.com y www.wanceulen.com
Email: info@wanceuleneditorial.com

COSAS 1

Carta a Eladio, que le han operado de cataratas

Eladín,
que no te llamo, pero que no te olvido,
que no estoy enfadada porque se muriera el árbol de Luna,
porque os comieseis el pollito de las niñas,
porque no te gustase mi poema de la Isla,
porque no me des las gracias por los polvorones.

Alba dice que soñó contigo, despeinado,
rascándote debajo de los calzoncillos largos.
Luna dice que cuando era pequeña ella pensaba
que tú no sabías leer ni escribir.
Yo le digo "Hija, si el problema es que no sabe
hacer ninguna otra cosa".
Luna insiste "Ya, pero ¿tú qué pensarías de uno que tiene
los dientes así y que se ríe así?"

Yo sonrío y les digo a las dos que a lo mejor les sales
en el examen de la selectividad.
Y ellas me miran, una vez más, como si estuviera loca.

Eladín,
que no te llamo, pero que no te olvido.

Mada Alderete Vincent

COSAS 2

Abrí una carpeta —de las azules, claro— con el título de *Cosas* y allí fui guardando relatos, cuentos, cartas, anécdotas, poemas y demás historias que no encajaban en los libros que andaba escribiendo, o que dormían la siesta en otras carpetas o en las mesitas de noche de las amistades. Por ejemplo: *Retrato de un poeta* estaba incluido en *Mixturas*. Si leéis *Mixturas* y el relato en cuestión daréis con la clave de lo que hablo. En *Mixtura* sobraba y aquí puede bailar a su aire sin ningún tipo de cortes ni otras *berenjenas pa los pavos*. Con *La casa de Paco el de las Boyas*, pasaba lo mismo o casi lo mismo. Nunca pasa exactamente lo mismo, pero las cercanías empujan al roce. No encajaba y por muchas vueltas y retoques que le di, seguía dando el cante en *Los Ojos de los Fornecos*. Pongo otro ejemplo y cerramos el postigo de momento: *Domador de Gatos* o *Las Hormigas* no tenían sitio en *Los poetas cuando se emborrachan forman una familia*. No sé si estoy marcándome un farol o pretendo convenceros de que los libros que se escriben con las sobras de otros libros no tienen porque ser desperdicios. Pregúntele a una costurera de cartel si nunca ha creado una colección fetén con los retazos sobrantes de otros vestidos. Las cosas son así y no hay que darles más vueltas, las espinas del pescado suelen ser sobras en nuestros platos, pero los gatos saltan, maúllan y, si es menester, hacen equilibrio sobre una cuerda o el cable que atraviesa el patio de la casa para chuparse la boca en un tiesto repleto de espinas. Dadle un hueso de jamón a un perro y os montarán gratuitamente una fiesta perruna. Y, ya, si le echamos a las gallinas las hojas verdes de las lechugas que se desaprovechan de la ensalada y se arrojan al cubo de la basura, te ponen huevos con las yemas rojas como ardientes fresas sureñas. Con estos ejemplos trato de explicar que nada sobra, incluso las historias que rompen el ritmo en un libro, en otro ponen los vellos de punta. Yo me alimento de las sobras. Por ejemplo: los boquerones fritos me gustan fríos. Y, si es posible y nadie de mi familia se adelanta, disfruto comiéndome las sobras del día anterior. Los boquerones calientes, no me saben igual, no me ilusionan. Con las berenjenas rebozadas me pasa tres por siete veintiuno. Frías las saboreas en toda su magnitud. Nadie tome la determinación de juzgar antes de indagar en el asunto. 'Sobra' no significa rectamente desperdicio. Los desperdicios humanos son, por ejemplo, los políticos en caída libre de los grandes y pequeños partidos de las distintas oficialidades u otras metrallas colaterales, que cuando les llega la hora del desguace celestial les agradecen los servicios prestados mandándolos de paseo a las listas de las elecciones europeas o les crean un puestecito de encargado jefe de cualquier fantasmal diputación, a convenir, de la península. 'Sobra' a veces también tiene un significado humanista complicado. Por ejemplo, las sobras de las medicinas caducadas de occidente se reciclan en el tercer o en el cuarto o en el quinto o sexto mundo. A tal degradación lingüística la llaman solidaridad o caridad —depende—, y todo el mundo occidental duerme sin necesidad de rezar un padrenuestro, tomarse la pastillita, prepararse un gin-tonic cargado o fumarse un canutito antes de acostarse.

Este librito que tenéis entre las manos es una pequeña cajita de recuerdos donde se guarda el botón que se zafó del abrigo una noche canalla, la carta sin remite que hablaba de cabezos azules y arena en los bolsillos del alma laica, el bolígrafo prehistórico que dormía placenteramente en las hendiduras del sofá y fue recuperado por obra de magia, la piedra pequeña de nácar que te regaló un sueño de luna llena en Rabat, el poema tonto que dabas por perdido y una mano cercana te lo mandó por correo, la inesperada dedicatoria que brota de la luz del fango sin previo aviso, la foto despampanantemente elegante de una novia en desfogue sombreril, un bolso de tela descolorido por el peso de la humedad, huellas de pájaros en el fango… Cosas que ya sólo creía que existían en el recuerdo desgajado de la memoria... Por ejemplo, María Manito, Juan Martín y Pepe Romero me han regalado inesperadas sorpresas de las que te alegran el día, me han abastecido a lo largo de estos años de poemas dejados en la trastienda del olvido. Bueno, algo parecido a poemas, cosas que estaban mejor descansando en el agujero de los papeles enciendechimeneas. Pero es saludable reírse de lo que uno escribía en la desordenada e indomesticable adolescencia y aún, es más saludable que las amistades te recojan las hojas sueltas que has ido dejando por los descampados curvos de las máquinas de escribir y te las den dobladitas en rosas de sueños. Yo qué sé, las pequeñas cosas que encontramos cuando hacemos una limpieza general y no estamos por la labor de que desaparezcan de nuestras vidas. Pequeños milagros que llevamos a cuestas y nos ayudan a seguir alerta.

Retrato de poeta

H era un compulsivo militante de la poesía, era joven y se bebía el verso de un largo trago. Bueno, vamos a matizar, antipoeta, aunque la profesión que constaba en el carné de identidad era la de poeta. La puso simplemente para reírse de la decadencia neófita de los ilustrados asentados en las cercanías del falso poder. Él sabía de sobra que poeta no era una profesión, sino una perra olfateadora de huesos en las puertas cerradas del desierto. En otras palabras, el círculo de H respiraba el clímax del anarquismo espiritual humanista y demás plantas tropicales.

— ¿Qué es el anarquismo espiritual humanista? Pregunta B.

— Ya ni me acuerdo. Responde C (el narrador) entre sonrisas escatológicas.

Bueno, no me cortes el hilo de la espiritualidad que me pierdo. H estudiaba —entre comillas— y trabajaba en la oficina de acercamiento al mundillo poético en los pasillos curvos de la universidad. Ahí andaba, a tientas, de poeta oyente subversivo. En las lecturas clandestinas pedía permiso a los poetas veteranos para leer un poema —escrito varias semanas atrás, en un lance de mezcolanza político sexual—, y esa noche dormía a la pata ancha. Coleccionaba carteles de actos culturales, flirteos amorosos, bases de premios de poesía y era asiduo a algunas lecturas poéticas en los bares alternativos. Eran años de explosión cultural y de Humphrey Bogart a lo cutre en el último desfiladero de la noche.

Poeta era cualquiera. Te comprabas un abrigo tipo Marlon Brando en el *Último Tango en París*, un bolso de tela oscura, un cuaderno de notas, dos bolígrafos, tinta negra y roja, varios libritos de poetas raros —Allen Ginsberg o Nicanor Parra, por ejemplo; Federico García Lorca o Juan Ramón Jiménez eran cercanos y un tanto manoseados por las oficialidades del poder cultural ibérico— y podías largarte tranquilamente a poetizar la noche. Los demás artilugios eran complementos de vestimenta. Era imprescindible apuntarse a un curso intensivo de alejamiento del mundanal ruido para entrar en el aprendizaje de las diferentes poses poéticas. También era importante ganarse el aura de raro para que te respetaran como artista.

—Y H, ¿no era antiartista? Pregunta B.

—Había varios H, responde C.

Lo de poeta espontáneo tiene sus riesgos o sus distintas posibilidades de manejo. Puedes pasarte de rosca y quedar etiquetado para toda la vida literaria como el poeta pesado. Quitar esa mancha del ridículum vitae cuesta excesivas terapias personales. Porque se mire por el ojo del dedal que se mire la fauna cultural es exquisita y no se permite charlotadas ajenas. Y, ya sabemos, poeta pesado y periférico (entre comillas) a tomar baños de sol en el solárium del terraplén de los excluidos celestiales. El periodo de poeta neófito espontáneo lo superó H sin mayores problemas atmosféricos, acercándose a uno de los grupos poéticos urbanos que pateaban los bares de la ciudad. Pero siempre alimentó un ligero tufillo a no dejarse engullir por los grupos dominantes, con un puntilloso aforismo guardado en el bolsillo: disposición de olfato abierto.

Superados los primeros escollos y siendo poeta habitual en las programaciones de lecturas en los bares nocturnos, encuentros provinciales y saraos influyentes en las casas de los artistas de la ciudad. Le empiezan a venir las primeras dudas vivenciales poéticas. Por ejemplo: ¿Escribo para divertir a los feriantes? ¿Las demás piezas del ajedrez giran alrededor de mi ausencia? ¿Algún día rastrearé los ecos del silencio sideral de las ranas? Y muchas más preguntas que desconciertan al propio joven poeta. Porque para ser poeta isla hay que tener los pedales agarrados a los zapatos.

En medio de tantas dudas presuntamente existencialistas llega la publicación del primer librito en una pequeña editorial amiga. H acoge la publicación con desgana, como si la historia no fuera con él —¿me entendéis?—, como diciendo ¿Y esto es publicable? Creando dudas entre sus íntimos aficionados a la poesía para despertar el deseado canto del búho. Ahí empiezan los caminos a inclinarse ligeramente y a inflarse las cacareadas deserciones y enfrentamientos poéticos entre los poetas bolsos y los poetas carpetillas maletines. Los poetas bolsos sacan unas hojas decadentes del bloc de la manga y envuelven las lecturas de palabras minúsculas. Los poetas carpetillas maletines nacen con un blog virtual debajo del brazo. En las lecturas abren el maletín, sacan el ordenador, impregnan las paredes de enigmáticas imágenes pasajeras y sus voces virtuales florecen la primera semana de marzo como los nardos de la tía Tota. Los poetas carpetillas maletines contemplan su obra como mero espectáculo galáctico.

Los poetas bolsos beben de la corriente inactual permanente y las moscas desenfadadas se ríen a su paso. A veces sus amigos poetas infiltrados en la corriente carpetilla maletines les sacan poemas en sus blogs virtuales para que la poesía tecnificada no olvide el olor de las flores de retamas ni las supuraciones agrestes del fango.

Si no sales en un blog no existes. No eres nadie en el mundanal ruido poético actual. Patera a la deriva en alta mar, matojo silvestre postrado ante los reflejos del sol. Atardeceres en las salinas pobladas de versos mudos y picotazos cristalinos de colores y formas. Montañas de sal con puñados de rosas de Alejandría de la sierra de Albor dentro.

La casa de Paco el de las Boyas

Felo Baklin, poeta visual cubano, vive a orillas del río Guadiana, en la falda del Parador Nacional de Turismo, antiguo castillo demolido por la intemperie y barrido por la incultura política en los años del franquismo. La casa es conocida popularmente como la Casa de Paco el de las Boyas —en honor a su antiguo dueño—, un señor de Almería que recaló por Ayamonte en el verano de 1928 como encargado de las boyas y práctico de las aguas internacionales del río Guadiana. Por aquellos años el puerto de Ayamonte estaba considerado de escala internacional y el río era navegable más allá de Sanlúcar de Guadiana, hasta el espectral paisaje de Pomarão —donde los cargueros entraban a cargar minerales de las minas de Santo Domingo en Portugal— y el Puerto de Alaja —a cargar minerales de las minas de Las Herrerías, La Isabel, Cabezo de Pasto y Santa Catalina en España—. Hoy en día con las adulteradas modas especulativas de los pantanos y demás pusmodernidades al uso, el río Guadiana está siendo sepultado por la lacra maligna que atrofia sus corrientes. Llegará el día que se convierta en un reguero de lava estática. Ayamonte está surcada por laberintos de pasadizos secretos y en la guerra civil, según los archivos recuperados por las familias republicanas, quienes no pudieron marcharse en el barco de las Boyas se escondieron en los pasadizos secretos del castillo de Ayamonte. La salida en patera hacia Portugal estaba localizada en la casa de Paco el de las Boyas. Actualmente es visible, en la pared del patio interior, el cierre de una puerta que se incrusta en las piedras. La leyenda reciente relaciona los alrededores de la casa con la puesta en valor del tráfico de hachís —ya que goza de una situación estratégica especial—, a un kilómetro aproximadamente de la calle de las Flores, el Parador Nacional de Turismo guardándole la espalda, el río en actitud de espera a sus pies y un camino pedregoso en sus cercanías. A veces un pastor con un rebaño de cabras pasta por los alrededores, un pájaro cuco silba entre el ramaje de los árboles o un grupo de niños trepan por los cabezos jugando a los pistoleros. Lo demás, silencio acariciado por el empuje del agua en el río y arrullos de pájaros.

Cuéntame una de cabras, le pide Rosa Peralta, pintora asturiana enamorada de la luz transparente de los atardeceres del río, que suele pasar largas temporadas en Ayamonte. Felo Baklin titubea, pero termina atrapado en las garras persuasivas de la pintora, *Abbajalí vive de sus cabras / y sus cabras viven por Abbajalí / pero una tarde quedóse extenuado / vio pasar a una cabra / con una culebra colgando / de los tetos de la ubre / / Abbajalí desde las azoteas / contempla a las campesinas / tejer canastas de mimbre / Abbajalí dibuja flautas / en el vientre de la tierra / / Abbajalí y sus cabras preñadas / bajaron a la ciudad / a ofrecerle al chivo / que las preñó / resina de cannabis / y pelusillas de coitos cabriles / / Abbajalí / Abbajalí...* ¿De verdad, quieres que te cuente una historia de cabras?, le pregunta Felo Baklin, acercándola a la ventana del salón. ¡Pues ahí tienes una historia vivita y coleando! ¡Coño!, dice sorprendida Rosa Peralta. Felo Baklin empieza a retransmitirle la Operación Cabra. Son horas tardías, la luna atraviesa fugazmente las grietas de los cabezos del Parador, los pastores —vamos a llamarles pastores— montan a las cabras en camiones, con matrículas portuguesas, para llevárselas al matadero. El dueño del rebaño aprovecha el día para meterle condumio y embucharlas de agua para que ganen peso. Aquellos dos de chaquetas oscuras que observan la operación apoyados en el capó del viejo Mercedes son tratantes de ganado, y el otro, lo ves, aquel de camisa a cuadros es el veterinario. Las están vacunando para que al cruzar la frontera tengan el papeleo en regla. Y aunque te parezca rara la operación porque el nivel de vida está más bajo en Portugal que en España y valdría menos el ganado, te equivocas, son cabras viejas y el desguace no entiende de idiomas, unas veces las cabras viejas van para Portugal y otras vienen para España, depende de la oferta y la demanda, ¡Ostias!, le interrumpe Rosa Peralta, pero si le están metiendo bolsas en el culo o en el coño, No Rosa, no, prosigue Felo Baklin, la vacuna anticonceptiva se la ponen a las cabras viejas en el coño para que no tengan cabritos. Las cabras llegan a unas edades que suelen tener los cabritos deformes, ¡Mamón!, ¡mamón!, ¡mamón!, te estás quedando conmigo... ¡Joder!, ¡joder!, hasta ahora no he caído en la historia de las cabras con bolas de hachís en el coño, le vuelve a interrumpir súper mosqueada por el cuento que le estaba contando, Los jefes de la operación, no te creas que son los dos individuos que están apoyados en el capó del Mercedes, ni tampoco los que están dentro del coche oscuro. Los ves, señalándole con el dedo, allá arriba, junto a la era, y ni mucho menos los dos aguadores que están apostados al terminar la calle de las Flores. No Rosa, no, los jefazos de la operación acaban de cenar langostinos frescos de los trasmallos de la costa en compañía de un alto empresario de la capital del reino en un restaurante de caché y ahora mismo deben de estar brindando con champán por el éxito de la Operación Cabra. Los camiones descansarán en una de las naves comerciales de la avenida Océano Atlántico y mañana en el primer transbordador cruzarán el río para Portugal. Y aquí se termina el cuento de las bolas de hachís en el coño de las cabras.

Domador de gatos

Tarjeta de presentación: Eladio Orta domador de gatos. Una amiga le comió el coco, Porfa, no tengo dónde dejarlos. Y los gatos, corazón, no dan pelma ni ladran ni matan gallinas. Los gatos, mi amor, los colocas en una cestita en el cuartillo viejo que tienes al lado de tu casa, les das una vez al día filigranas empaquetadas, les controlas el tiesto del agua y te desaparecen los ratones por obra de magia, Bueno, vale, le contestó, por no seguir escuchando la perorata didáctica sobre la linda crianza de los felinos. El gato resultó ser una gata con tres preciosos gatitos —aún no abrían los ojos— y el porfa ya duraba el mes de julio y la primera quincena de agosto. Le dejó siete paquetes de carne y pescado, en forma de estrellitas rojas, que desprendían un olor repugnante a perros resucitados o a vacas locas en descomposición nuclear. Digamos que la diversión del verano empezó a tomar forma de resaca incontrolada dándole un mogollón de puntos a favor por su sensibilidad positiva con los animales domésticos. La casa se convirtió en un desfile de cachondos mentales afilando el palique en las extremidades hueras del caño de la Mojarra. La visita guiada consistía en llevar al personal al cuartillo y enseñarles el nido de preciosos gatitos —Pepe Luzla recogió en un álbum fotográfico las delicias juguetonas de los gatitos y en las noches de altos coeficientes mareales las sacaba a pasear por el patio interior de su casa para que el mundillo artístico evaluara el alto grado de sensibilidad del poeta gatuno—. Pero los gatos crecieron, abrieron los ojos, dijeron miau y se apuntaron a una excursión romántica y peligrosa por los retamales de la Isla. La madre gata se pegó el piro con un elegante gato salvaje y —no se le volvió a ver el pelo por los alrededores de la casa— los pobrecitos gatitos volvieron descorazonados al nido. A partir de aquí entra en escena Eladio Orta envuelto en una crianza gatuna por imposición temporal. Cuando se acerca a echarles el condumio en forma de estrellitas a las tres preciosidades gatunas, las tímidas criaturas se esconden en los últimos apartamentos del chozajo, solo se les distingue por los ojitos brillantes escondidos entre canastas viejas, cajas de cartón vacías, mesas apolilladas, utensilios de labranza desgastados por las inclemencias del tiempo... Ya es octubre, el porfa ha pasado a mayores, la gata madre ha engrosado el ejército de gatos salvajes que por las noches asaltan los cuartillos en busca de alimentos para sobrevivir y por el día se refugian en la espesura abrupta del retamar. Me apuesto tres garbeos ontológicos de tute, le dice Eladio Orta a la concurrencia, que termino domesticando a los tres gatitos cenizas —dos cenizas claro y uno ceniza oscuro— y subiéndolos al coche de mi amiga para reintegrarlos a la civilización. Con el transcurrir ocioso de los días ha descubierto que prefieren la leche con pan migado a las dichosas estrellitas muertas. Cuando les da leche migada hasta se dejan pasar la mano por el dorso, Un paso es un paso, ¿no? Ahora escuchan sus pasos merodear alrededor del cuartillo y salen a la puerta del escondrijo a saludarle, Dos pasos son dos pasos, ¿no? Descubrimiento fantástico. Ayer por la tarde subió Eladio Orta a Ayamonte, volvió a la Isla al día siguiente, produciéndose la gran sorpresa: los tres gatitos cenizas lo recibieron dando saltitos y cantándole la bienvenida en idioma gatuno —la comida es un instrumento de sumisión, diría Amín Gaver—. Les echó las estrellitas putrefactas y cuando se acercó para acariciarlos le lamieron la palma de la mano, Tres pasos son tres pasos, ¿no? Mañana no les echo la ración de estrellitas hasta que no me vengan a visitar, pensó. La operación civilización infinita estaba dando sus frutos. Y, por favor, no se pierdan el último invento de domesticación terapéutico consistente en la ejercitación de un cordel con un trapo amarrado a la punta. El ejercicio constaba de media hora de entrenamiento por las mañanas y otra media hora por la tarde   —Miramebién comentaba sonriendo que le recordaba al Ballón del Gato, en la puerta del mercado de abastos de Ayamonte, ganándose el hambre con el adiestramiento de una manada de gatos salvajes enjaulados—. Ya por esas fechas estaban preparados para regresar a la gran ciudad, Cuatro pasos son cuatro pasos, ¿no? Esperemos que para las próximas vacaciones no le deje la celestial amiga a sus dos preciosas niñas metiditas en una elegante tienda de campaña a la sombra de la higuera, junto al pozo, Total, ya andamos curados de espanto, respondería él encogiéndose de hombros.

Las hormigas

Perdón a esos insectos himenópteros
que nos observan desde el subsuelo del mundo.

Les tengo fobia a las hormigas. Siempre pensando en abrir nuevas cuentas en sucursales bancarias. Siempre arrastrándose por la tierra en nombre del puto y mísero dinero. No guardan en sus calendarios ni un solo minuto para la contemplación o la diversión. Las hormigas deben ser bichos de mentalidades centroeuropeas yanquis o rematadamente chinas. De niño, en las tardes de aburrimiento descompasado, calentábamos bidones de agua en las fogatas para verterlas en las puertas de los hormigueros. Ese guardar y guardar me producía compulsivos escalofríos capitalistas. De mayor la guerra ha sido declarada en rueda de prensa, y el contraataque de los susodichos bichos me ha herido el orgullo patrio patrimonial. No sólo han invadido las habitaciones de la casa, sino que en el patio han montado una sucursal permanente de ahorro, trastornándome los planes estratégicos y floreciendo lindos hormigueros en el rincón derecho del exterior de la chimenea como si me estuviera volviendo mayor y necesitara el acercamiento espiritual de los lindos y confortables bichitos. Estoy rodeado, lo admito, tomaré medidas defensivas. Guerra de guerrillas, dirán los malditos telediarios.

En las tardes apacibles y calurosas de julio, coloco estratégicamente migas de pan en las cercanías de los hormigueros que se han empeñado en levantar el suelo del patio sin miramientos. Espero paciente con un libro de poemas amorosos en las manos a que las hormigas empiecen a husmear en el condumio alimenticio. Y ahí me tienes, fanfarrón y odioso, ofreciéndoles chorros de agua caliente para el disfrute de los gorriones al amanecer. Otra de las estrategias consiste en cortar leña para el fuego a principio de verano y amontonar los troncos trampas en las cercanías del patio. En invierno estos troncos trampas acogen a una infinidad de nidos de hormigas que atropelladamente se tuestan en el fuego de la chimenea, ante mi gozosa y mayestática contemplación sentado en el sofá. Así un verano y otro, un invierno y otro. Ellas no se van, yo no me rindo. Ya lo decía fray Luis de León: para hacer el mal cualquiera es poderoso.

COSAS 3

El poema *Arrinconado está el toro* me trae sabores a naranjas mandarinas guardadas en los cajones de los armarios o en los bolsillos del abrigo. A sabores que fueron acompañándome en mis andadas estudiantiles. A residencia de curas progres (Stella Maris, Huelva) y sus olores congénitos. Al Agustín, al Isla, al Marcial, al Rafa el Cabezón, a Manolito El Cojo, al Paco y al Antonio de Isla Cristina, al Hipólito, al Carmelete, al Portugués, al Richard Pérez, al Matías de Punta Umbría y al Compadre... —Un inciso: en una de las asiduas lecturas en Punta Umbría, estando tomando un café con leche en el Gran Café Teatro, se me acerca un tipo sonriendo y me pregunta, ¿No me conoces?, Si te quitas las gafas, le contesto interrogativo, Ja, ja, ja... Pues tú no has cambiado tanto, ¡Hostias, el Compadre! Tío, pero si estás hecho un cromo. ¿Qué te ha pasado?, Nada, fui a un médico naturalista y ando a régimen, Tío, pero si eres otro, te presentas como el hijo mayor del Compadre y me dejas en babia. ¿Y del Matías?, le preguntó, El Matías se cuida, el mamón, lo ves y lo reconoces a la primera. Le pasa igual que a ti. Os guardáis metidos en formol, Jo, la última vez que lo vi fue en El Porrón —la calle de la Risa, Ayamonte— , conque imagínate, treinta y pico de años pasados por sardinas rebozadas en escabeche—. El poema *Arrinconado está el toro* huele a domesticada y descafeinada transición. A cosas que estuvieron guardadas en carpetas azules durante años. Un día, sin venir a cuento, te encuentras con ellas y empiezas a andar para atrás imitando al burro que llevó a Martinito vestido de primera comunión por las casas de la Isla en *Los ojos de los Fornecos*. Empiezas a ojear en las carpetas y encuentras poemas descoloridos por la humedad y algún que otro detalle de desmadres poéticos en los que ahora no vamos a entrar. Al zarandear las hojas del cuaderno el aire huele a cáscaras de naranjas secas, pero no apolilladas. Huele, a pastilla de jabón en el cajón de la ropa interior de señoras, a besos precipitados en el descampado de una pista de baile, o a lo que sea, pero huele bien. Y de pronto te encuentras —en la Escuela de Trabajo Social de Huelva—, en clase de Psiquiatría y pelando con parsimonia una naranja mandarina. Levantas levemente la cabeza para visualizar el entorno y la panorámica es muy cambiante. Son otros los profesores y otras las alumnas que toman apuntes sin levantar la cabeza del folio. Tres años han bastado para oficializar definitivamente la derrota. Son cosas de loco de remate pensar que me iba a encontrar con una escuela autogestionaria después del golpe de estado de 1981. Yo también di un paso atrás. Después del golpe de estado, busqué el refugio de la primera etapa en Trabajo Social como intento de aprendizaje de nuevas experiencias o de reavivar el pasado. Pero lo vivido no vuelve a repetirse, aunque las cáscaras de naranjas mandarinas sigan cascareando en el bolsillo del abrigo. La cosa había cambiado tanto, ciento ochenta grados hacia la normalidad, en la nueva etapa estudiantil. Ahora hasta teníamos profesoras que antes habían sido compañeras de curso y la palabra diplomatura era una carnívora paloma blanca repartiendo cagaditas por los pasillos del viejo caserón, atrayéndonos con su cante a los brazos de la mediocridad. Siempre nos quedará un regusto en la boca de lo que pudo ser y no fue. De intentos fallidos nos alimentamos.

El olor a naranjas mandarinas recorrió mis años de estudiante. Ayudaba a mantener el estómago en pausa. Eran baratas y las comprábamos en una tienda bazar en la calle principal del mercado de abastos de Huelva. La joven madurita que atendía el bazar me decía, Las naranjas tienen mucha vitamina y tú estás en edad de crecimiento. Conque ya sabes, cuídate. Yo me ponía rojo como un tomate maduro, pero debían de darme morbo sus bromas porque nunca cambié de tienda.

En el primer curso de Oficialía la asistencia a clase y la buena conducta me garantizaron el aprobado. La escuela se trasladaba desde la antigua Delegación de Educación y Ciencia en la Alameda Sundheim al Alto Conquero y, sin ninguna duda, era un detalle muy feo no dar un aprobado general. En el segundo curso el estreno de un nuevo edificio no iba a verse empañado por unos suspensos innecesarios y, ya en el tercer curso, empezaron los problemas coyunturales. Con un torno o una fresadora en las manos era un peligro nacional y una vergüenza para los defensores de la Formación

Profesional. Murió Franco y descubrimos las escaleras mecánicas de Simago y el ligoteo con las niñas del Santo Ángel. Calle Concepción arriba, calle Concepción abajo...

En las escaleras mecánicas de Simago echábamos carreritas para impresionar y verles las braguitas a las niñas del Santo Ángel. Las escaleras mecánicas daban prestigio y subían el índice de audiencia en el banco semicircular —sede de la pandilla de Los Pechas— de la plaza de la Laguna, Ayamonte. Huelva tenía tres cosas importantes: las escaleras mecánicas de Simago, la calle Concepción y las niñas del Santo Ángel. Las niñas de las Teresianas recomidas por la envidia insinuaban en petit comité que las niñas del Santo Ángel eran más putas que las gallinas y que se la chuparan a los niños del San Pablo. Y de los niños del Seminario, el que no daba el cante a la entrada tocaba la zambomba en la salida.

Entre cáscaras de naranjas mandarinas y sueños de braguitas azules, rosas o blancas de las niñas del Santo Ángel, se fue fraguando el poema *Arrinconado está el toro*. Os soy sincero —este intento de poema no me he atrevido a incluirlo en ningún libro anterior; o no me convence, o no le encuentro hueco, o es malillo, o no tengo ni idea—, reconozco que me une con él una historia sentimental de largos años de travesías. Ahí va...

Arrinconado está el toro

> *y sin embargo mira como crecen*
> *el lirio, la genista y la amapola,*
> *rezumando vida*
> *en el erial de sombras*
> *eladio méndez*

arrinconado está el toro
quién lo ha alejado
del aire de las marismas
y lo ha encerrado
en una plaza

toro / toro
con la mirada perdida
en el agua que gira
embarrada
en la órbita de tus ojos

pezuñas que arañan
oleadas de aire
creyendo que pisas
fango
toro / toro
sueñas que pisoteas
el aire traidor

brama
hasta que la saliva
te salga roja

brama
hasta que te responda

el eco de las marismas

araña
esta arena traicionera
toro / toro
esta arena
no es la arena volandera
en la que te revolcabas
en las noches de luna llena
por los cabezos de la costa

ay / toro / toro
no escuchas toro
a tu furia
responden con aplausos
y el presidente desde el palco
mueve con la mano
el pañuelo blanco
de la muerte

junio 1979

COSAS 4

De mi corto paso —duré un curso en declive anestésico inclinado total— por el Colegio Menor San Pablo, Huelva, quedó traspapelada en el olvido la historia adolescente de *Los Chuminos de Chucena*. Sin duda —razones de peso tendrían los curas para darme la papeleta anticipada—, es de entender que a la historia erótica adolescente le tuviera que dar unas pinceladas correctoras después de cuarenta y tres años sin tener idea de por dónde andaba. Me entendéis, ¿no?, transformar las clásicas redacciones de colegio en intentos narrativos. Algo parecido me sucedió con la historia de El Monchi, andaba desaparecida en los cajones y un día aparece, la ojeo y me parece pasable. El Monchi —fue uno de esos personajes camuflados que pasó de puntillas por el librito *Leche de Camello*— es como el río Guadiana, aparece y desaparece y vuelve a aparecer transformado en otro personaje de encumbramiento. Otra de las historias rescatadas del fuego erótico celestial fue *Huellas de bicicletas*. Era época de jugar a las adivinanzas —era bonito—, repetíamos varias veces interiormente, por ejemplo: nos vemos a las cinco de la tarde por los cabezos de la Costa. El juego consistía en transmitirle a la persona deseada vía mental los sitios por donde podía transitar el deseado. ¿He dicho, bonito? Bonito es una palabrita que me pone alerta, me cuesta escribirla y ya no digo pronunciarla... Y ya si me dicen, ¡Que poema más bonito! Ahí reviento. Hay una anécdota familiar, trastabillada en el aire, que a veces cuento dándole un puntito gracioso, ahondando en los distintos significados de las palabras y sus alumbramientos. Mi hermano y yo subimos con mi madre al pueblo, Ayamonte. En la plaza de la Laguna nos encontramos con una señora, tía de mi madre para más señas. Se dan los besos de rigor, se hacen las preguntas pertinentes y necesarias de familia, y sin más preámbulos se entra en detalles. De pronto la tía Aurelia se queda mirándome sorprendida y exclama rebosada de alegría, ¡Filo, que niño más bonito!, ¡Ay, y que cutis más fino! Bonito lo pronuncia con un ligero deje ayamontino. A continuación, me ofrece cientos de sonoros besos mezclados con calderillas espumantes de saliva. Ahora me da vergüenza contarlo, pero cuando niño, no soportaba los besos tan extremadamente efusivos. Ya sabía por descontado la reprimenda que me esperaba, por parte de mi madre, al revolver la esquina del Ayuntamiento. Pero yo no soportaba tantas espumas flotantes resbalando por las mejillas y me limpiaba la saliva a golpe de suaves manotazos limpios. La tía Aurelia pasa de puntillas por mis descarados e inapropiados lavados de cara, sonríe complacida y volviéndome a mirar con cara de Me como vivo a este niño, previene a mi madre, Este niño va a ser muy listo, Filo, muy listo. Y, para terminar de rematar el decorado ambiental, descubre a mi hermano escondido entre las faldas de mi madre y se queda mirándolo como si hubiera brotado una flor especial de los arriates de la plaza de la Laguna. Ahí, en ese mismo momento, sufre una excitación mental, ¡Filo, que niño más guapo! Y prosigue, La verdad, es que tiene a quien salir. La boca es de tu padre —del tío Gumersindo el Caracol—, las pestañas son escrititas a las tuyas y los ojos del tío Prudencio. ¡Qué ojos los del tío Prudencio!, tenía la planta de los galanes de cine negro de las películas italianas. Lo único que no le acompaña al niño son los dientes, pero qué digo, hasta las dos paletas salientes son encantadoras. Más claro, agua, uno bonito y otro guapo. La tía Aurelia tenía más razón que el sol que nos alumbra. Los poemas son malos, buenos o regulares, pero bonitos, ¡por favor! Decir que un poema es bonito es dar por sentado que ni es bueno ni es malo, sino que raya la mediocridad.

Los chuminos de Chucena

Cuando las niñas del Instituto de Enseñanza Media de Chucena venían a jugar el campeonato provincial de voleibol a la Ciudad Deportiva de Huelva, los niños del Seminario y el Colegio Menor San Pablo llenaban las gradas a reventar. Días de recato, noches de corrimientos y de sueños idílicos. Las rompecorazones de la provincia nos contentaban la semana con aquellas braguitas blancas elásticas que les marcaban las dunas del paraíso. El grito de guerra de los animadores era el siguiente: Primero gritábamos bajito y acompañado por las palmas, *¡Los mejores chuminos!* Volvíamos a tocar las palmas y proseguíamos, *¡Los mejores chuminos! ¡Los de Chucena! ¡Los de Chucena!* Y así seguíamos dándole a las palmas y a la batuta hasta que lográbamos desconcertar a los equipos contrarios y alzar con el triunfo final a nuestras gloriosas jugadoras.

El Monchi

El Monchi se quedó cogido con la participación en un videoclip del cantante Kiko Veneno. Abandonando el frenesí placentero de la copla en las pomposas noches bullangueras y los zapateados callejeros en los bares de la plaza de la Laguna y alrededores. El personaje de Gandhi lo cautivó y, desde entonces, no se quita la túnica ni para hacer el angelical acto sexual. Le dio tan fuerte el apretón que se retiró a meditar a la altura del barrio del Arrecife. Las vecinas objetaban que estaba pasando por una etapa desconocida, ayunaba dos veces por semana y se había consagrado en el rito budista. El parecido con Gandhi era asombroso. Cambió los zapatos de tacones por los pies descalzos, se cortó la melena al cero, se cubrió con una túnica ocre y se compró unas gafas con cristales redondos de todo a cien que daban el pego. Se quedó pillado en ese extraño mundo de las contemplaciones, las relajaciones, las meditaciones y demás silencios mentales adicionales. El aprendizaje de las reflexiones tiene tantos caminos dispuestos a acercarse al laberinto inclinado de lo abierto que, gracias al videoclip de Kiko Veneno, el Monchi sufrió una transformación espiritual placentera. Por lo menos eso fue lo que pensaron las amistades, los vecinos y la familia.

Tiempo ha, cuando bajaba de la parte alta de Ayamonte buscando el ambiente de los garitos festivos del muelle, florecía la algarabía por las calles o plazoletas por las que pasaba, instalándose el despelote en lo alto de la mítica calle Sevilla, a orillas de la casa de doña Clemencia la Picona. Pero el espectáculo era total cuando bajaba los escalones de la Gran Vía con minifaldas a rayas, escote fluvial trasatlántico y tanguitas de importación brasileña... ¡Ahí viene el Monchi!... retumbaba el eco de la expectación por las bocacalles del viento. Viene ensartando palabrerías de las suyas, comiéndose el aire de las alcancías. Tiempos actuales, cuando camina ceremonioso por la calle de San Antonio buscando la calle del Carmen para frenar el paso en la calle Cabalga y baja con pausa espiritual los escalones milenarios de la calle Peligros —más conocida por la calle Rompeculos— y desemboca a la bulliciosa Plaza de la Laguna. Todo es silencio, tan solo se escucha el canto tibio de los pájaros desperezándose en las enredaderas de los patios interiores de las casas. Va pasando el Monchi, va pasando un santo. El silencio es su patria.

Huellas de bicicletas

Bajé a la pleamar rastreando huellas de bicicletas, habíamos —quedado sin quedar quedando— quedado en las faldas del desaparecido cabezo de los Pastores. Febrero en flor, el mar en calma y las gaviotas rebuscando lombrices en el rebujo de la bajamar. En la Cabeza Alta —un plumaje de pájaros retozando en las pozas de arena— el aire olía a marisma viva y a zumbidos de abejas jugando a la comba con el polen de las flores de retamas. Me adentré en el arenal hasta que las huellas de bicicletas desaparecieron borradas por las salpicaduras del oleaje. Escribí signos enigmáticos en la bajamar para despistarte o para encontrarte. Te imaginé bajando del cabezo con tus faldas blancas transparentes y preguntándome, ¿Por qué has tardado tanto en encontrarme? Pero intuí que la tarde nos comería vivos sin grandes aspavientos de sorpresas, y si nos encontrábamos ya sería tarde. La búsqueda empezó a impacientarme y los desencantos apolillan la madera lentamente y provocan bostezos en los sitios menos indicados. Más tarde deambulé ausente por las sombras de las retamas del cabezo de los Haraganes, rastreé a ciegas nuestros escondrijos preferidos y en ninguno había señales ni olores que te delataran, ¿Cuántas veces te he dicho que esa tarde estaba de médico con mis padres en Huelva?, respondió ella, Ya, pero yo imaginé que nos encontraríamos en las huellas humedecidas de las bicicletas y me llevé toda la tarde recorriendo la costa desde una punta a la otra, Vamos que esa tarde no floreció la magia, Pero fue mágica, tú estabas sin estar...

COSAS 5

Encontré detalles, pinceladas aisladas, historias o frases expulsadas de otros libros o no incluidos en ninguno, que sinceramente no tengo ni idea de por qué las borré de sus páginas o las dejé en la cajita del olvido. También puede darse la cuestión de que no colara ni con un calzador en la historia que anduviera escribiendo y llegado su momento tuviera que buscarle otro cobijo más reconfortable. Tan malas no son, aunque tampoco son para tirar una salva de cohetes en su honor. Pero también os digo una cosa, hay frases o historias que, aunque las saques de contexto, se mantienen de pie sin necesidad de apoyarlas en un bastón. Pongo, por ejemplo: partículas volanderas de las historias de la tía Josefa Giráldez, El tío Benito Carro o el tío Manuel Botija que volaron de *Los ojos de los fornecos* por deseo expreso del autor —sus razones tendría para no incluirlas— y aquí sencillamente acompaña.

La tía Josefa Giráldez

La tía Josefa Giráldez, en sus noches de parloteo en el patio sur de la casa del cabezo de los Almendros, comentaba altanera y misteriosa, Yo he visto luciérnagas encendidas en los merenderos poéticos de las noches serenas del embalse de Proserpina, Mérida. Y la chavalería, embobada con las historias verídicas o inventadas, movía la cabeza y masticaba fantasías como mariscadores pateando el fangal. La tía Josefa Giráldez tuvo la mala suerte de enviudar joven. El Benito Carro era aficionado a la bebida blanca y un día amaneció con el hígado perforado por pequeños balines invisibles.

El tío Benito Carro

El tío Benito Carro era hombre de tranquilidad manifiesta. El cagadero lo tenía preparado en el retamar de la bajada sur del cabezo del Macho. Dos troncos de pino de medio metro aproximadamente sobresalían de la tierra con una tabla fina clavada entre ellos y un agujero en medio para que el culo descansara placenteramente al desahogar el forullo en la arena. Una pequeña y maravillosa obra de arte excrementicia levantada al aire libre. Para él, el acto escatológico era puramente medicinal. Hoy en día los expertos lo llamarían acto terapéutico, Sobrino, si por la mañana temprano, después del café, no se desahoga la tripa a gusto, no se cavan las papas con gracia.

El tío Manuel Botija

El tío Manuel Botija, hombre envuelto en remolinos de círculos continuos de carácter alegre, a pesar de la crudeza de la arena fangosa entrando por los agujeros de los zapatos, y con la picardía innata de los astutos iletrados, siempre tenía en la boca —y más si las idas y venidas al escondite habían tenido éxito en el gaznate— un detalle de elocuente hospitalidad. Según comentaba el tío Martín era una de las piezas fundamentales del jolgorio en Navidad, en la víspera de la fiesta del Carmen y en los guisados en la casa del tío Gumersindo el Caracol. El abuelo reposaba el afinamiento de la bandurria cuando la chimenea dibujaba alas de alcatraces rastreando los recovecos de la costa. El tío Manuel Botija taconeaba almacigueros de cangallas abiertas al aire húmedo de las bulerías. El tío Luciano Canutillo rascaba la botella en el precipicio de los árboles escalonados. El tío Ángel Playa hacía bailar a la caña en la palma de la mano como pájaro caído en el limo anfitrión de las charcas, y la tía Catalina Victoria voceaba con retintín desde la cocina, Mi marido siempre haciendo el payaso.

COSAS 6

Sobras, ¡madre mía!, pero qué sobras. Estos *Poemas Dedicados* están regados por la sombra de gente con las que he compartido momentos de risas y momentos de tensión, que me han ayudado a intentar comprender la relación existente entre rebeldía y contemplación, que me han transmitido vínculos de acercamiento con una de las palabras fundamentales en el andar cotidiano: paciencia.

El poema *Aires Salobres* está dedicado a Manoli Barroso. No sé si ella se acordará, pero fuimos contratados por la Oficina de Correos —tres días y medio— para la repartición de propaganda electoral en las primeras elecciones generales de la democracia. Hubo una anécdota acaecida en el barrio de la Villa que me cortó la respiración. Dimos varios toques en una puerta carcomida por el desgaste de la pintura —en una de las bocacalles de la calle Amargura— y una voz trastabillada en enjambres de penumbra nos contestó desde el trasmundo, Voy, voy, voy... Era una mujer muy mayor, condenada al silencio y al desprecio de los vencedores, aislada del mundo a través de paredes protegidas por la cal. Por la cal viva rociada sobre el cuerpo ensangrentado de su padre. Aquella mujer al abrir el sobre y leer en la hojilla Partido Socialista Obrero Español y visualizar la fotografía de Felipe González, se derramó en lágrimas y nos invitó a compartir con ella unos minutos de su aislamiento, A mi padre lo mataron en la guerra y desde entonces no he pisado la calle, nos dijo. Y prosiguió, El miedo ha criado arañas en los rincones más oscuros de esta pequeña cueva, pero gracias a la compañía de las arañas ahuyentaba por las noches las invitaciones de los aullidos de los lobos a colgarme de las vigas del cuarto. Esas palabras, dijo la mujer muy mayor, atrapada en la luz que brota de lo más oscuro de la oscuridad. La cal viva que resucitó Felipe González y compañía en años venideros.

El poema *Corazones,* a Mayu Macías, contempla silenciosamente el atardecer a orillas del río Guadiana, muelle poniente de Ayamonte. Corazones de agua, corazones de fados /

corazones de sal, corazones de pan. Árboles corazones andantes atravesando los caños de Esury en lo muslos salobres de una jaca marismeña. Un árbol corazón brota de las salinas de Castro Marim —corazones de fango—, buscando las pendientes salitrosas del castillo. Un árbol corazón baja revuelto desde los límites de Mértola en las riadas frías de enero —corazones de hielo—, buscando las aguas cálidas del mar. Un árbol corazón sobrevuela las campanas de las torres de Barcelona —corazones de cielo—, buscando el árbol pincel de sus sueños. Un árbol corazón baila encariñado con otro árbol corazón —corazones de tango— en un portal de la calle Joaquín Costa, casco antiguo de Barcelona.

El poema *Árbol Andante,* a Diego el Sordo, nos saluda como anarquista de vieja cepa inmune a las correntías del tiempo. De las conversaciones con Diego me voy a quedar con unas reflexiones de ayer por la mañana. "A Pablo Iglesias lo asemejo con Felipe González. Aunque no dejo de comprender que tiene una labia que te atrapa. El otro también la tenía. Te explico para que haya los menos malos entendidos posibles. Podemos está inmerso en un proceso de absorción por el capitalismo democrático. Ahora estamos infectados por el espejismo de la ilusión iluminada, después pasaremos a una etapa de silencio reposado y más tarde entraremos de lleno en la cofradía del santo desencanto. Eh, pero nunca voy a comparar una cosa con la otra, el PSOE se fue tragando a todo bicho viviente que se acercaba al almíbar del poder. Podemos parte de otro tipo de proceso democrático. Los grupos políticos o confluencias que lo constituyen, cuando el desencanto socialdemócrata toque en sus filas a retirada, cada cuál tomará el camino a convenir. No se desintegrarán en las cenizas invisibles de las urnas del centro político, volverán a organizarse a espaldas del poder. Y te digo una cosa, suerte hemos tenido de que a esta nueva casta universitaria no le haya dado el punto por engullirnos a todos, porque si se lo proponen todos bailamos el tango juntos, desde socialdemócratas hasta anarquistas, pasando por comunistas, trotskistas, anticapitalistas y demás especies... Atentos a la segunda etapa, ahí nos la jugamos. Ahí debemos tener bien abiertos los ojos". Eso dijo, que los principios capitalistas son mafiosos por naturaleza congénita y tienden al suicidio del planeta.

La dedicatoria del poema *Alerta,* a Iñaqui Olano y José Manuel Sayago, viene a cuento por lo que paso a contaros. Vamos a ello. En una de las salidas por la provincia a la búsqueda de nidos de búhos, me dieron un toque para que les acompañara. El toque me lo dio Iñaqui. A Sayago aún no lo conocía y tampoco se dejó conocer esa tarde. Él hablaba con Iñaqui. A mí a veces me miraba de soslayo como diciendo, ¿Quién será este excursionista? Ellos caminaban por delante, yo les seguía abstraído en el paisaje. A veces la curiosidad me picaba y preguntaba por la mitología del terreno que pisábamos. Siempre contestaba Iñaqui. Sayago me miraba con una mirada limpia, pero interrogante. Ya sabéis, como preguntando, ¿Y a los poetas les gusta anillar pájaros? Iñaqui, que es una especie de triángulo abierto en círculos periféricos por los tres lados y siempre se mantiene alerta ante las respiraciones patéticas de los desagües del poder —cuidado nadie piense lo que no escribo—, carcajea sarcásticamente intuyendo el pensamiento de Sayago, A la mayoría de los poetas lo que les gusta son los bares. En esas andamos, bordeando las humedades de un arroyo y con el sudor de la tarde cayendo por las comisuras del sombrero de paja. Está prohibido terminantemente insinuar el territorio que pisamos. Ya sabéis, por precaución ante los desalmados. Cuando llegamos al sitio señalado en el mapa de los nidos de la provincia de Huelva, me quedé paralizado, no sé si me faltó la respiración y sufrí un leve desvanecimiento o tomé conciencia del berenjenal en el que me había metido. Iñaqui me miró y me dijo, Tienes mala cara. Sayago en voz baja le preguntó, ¿El amigo poeta es campero?, Es campero de las marismas. Una especie accidental de marinero de ribera, que ni es campero ni urbanita. Una especie indefinida, le contestó Iñaqui sonriendo. Quien era campero era Sayago —una rara especie de campero contemplativo— y trepaba por el filo cortante del risco imitando a las cabras montesas. Iñaqui le seguía a cierta distancia. Conque estiré el cuello, moví los hombros y los dedos de las manos, apreté en condiciones el sombrero en la testa para que no saliera volando y me dije, Subir subiré, bajar ya veremos. Y así fue, trepé por las rocas como si estuviera buscando huellas de alcaravanes en celo por los cabezos de la costa. Ya arriba, con los anilladores metidos en faena con las crías gigantes de búho, un silbido intermitente se filtró entre las grietas de las piedras. Sayago miró a Iñaqui e Iñaqui me miró a mí, Están lejos, comentó Sayago, ¿Están lejos, qué?, pregunté inquieto, Las víboras, respondió Iñaqui. ¡Ay mi madre!, estos desalmados me han tendido una emboscada en medio de un paisaje lunar, masculle entre dientes, Aquí nos muerde una bicha y no llegamos vivos a la civilización, comentó sonriente Sayago. Lo miré interrogativo y me percaté de que andaba más contento que un niño asustando nubes con una escoba, No hay cobertura, dijo Iñaqui móvil en mano. La bajada la dirige Iñaqui, yo le sigo la estela y Sayago parece ser el rastreador de víboras —el protector de los poetas asustados— del departamento andaluz ambulante. Me costó tomar tierra firme, sentir que abajo me daba la bienvenida la rudeza de la piedra. Me costó quitarme las salpicaduras del miedo de las suelas de los zapatos. Lo más seguro es que me llevara varias noches soñando con víboras arrastrándose por las esquinas del sueño. Ya abajo los tres, los miré palidecido, respiré hondo y les dije, La próxima vez me contratáis de fotógrafo.

En el poema que abre el libro —Carta a Eladio, que le han operado de cataratas—, a modo de prologo interpretativo, Mada Alderete Vincent se desliza cariñosamente por las pequeñas cosas diarias que nos van marcando los pasos al andar. Ja, ja, ja… Voy a desmenuzar algunos detalles del poema encontrado por casualidades del ojo investigador en una de las limpiezas generales de papeles olvidados a discreción. Al encontrarlo y releerlo me he reído a gusto y no era para menos. Aunque tendré que explicar algunos detalles del poema. Por ejemplo: el árbol de Luna se secó porque a quién se le ocurre plantar un árbol en pleno julio. Los árboles se plantan en septiembre, cuando el solejero ya va de caída o en enero cuando la tierra huele a agua enguachinada. Con los pollitos de las niñas podríamos escribir un cuentecito sarcástico con tintes escatológicos. Me explico —para que nadie se quede con la mirada perdida en medio del semblante refractor urbanita—, hubo una época en la que los sobrinitos y las sobrinitas me invadieron los alrededores de la casa de animalitos de granja. La culpa era de los padres sin ninguna discusión adyacente. Las criaturitas iban con sus padres al mercadillo los sábados y aquellos pollitos tan blanquitos, tan esponjosos, tan monísimos eran la alegría de la casa. Pero, claro, los niños no sabían que los animalitos crecían e inundaban de cagaditas y meaditas olorosas la antesala del salón de estar. La antesala y hasta el mismísimo cuarto de baño. Y ahí cantaban las ranas en los desagües del jardín, llenando los ladrillos del suelo del porche de resbalones mierdosos y de gritos angelicales, ¡Mamá los pollitos cagan! Y qué hacían los padres cuando los preciosos animalitos crecían y ya no eran tan preciosos animalitos, pues llevarlos a la casa del tito Eladín que vivía en el campo. Conque no, Mada, no nos comimos los pollitos de las niñas sino que uno se lo dimos a mi madre —que sí tenía un corral con gallinas ponedoras— y el otro a la vecina. Perdón, a la vecina le dimos los patitos que trajeron los padres de otros sobrinitos. Hubo una época que los padres de mis sobrinitas andaban medio obnubilados.

Del poema de la Isla que no me gustó no tengo ni idea. Lo siento mucho, pero si no me gustó y te dije que no me gustaba, un lujo. Ya sabes, las cosas por delante y sin cortinas transparentes. Y de los polvorones, mantecados y hojaldres hablaremos un día de estos. Prefiero que me los regales en cualquier época del año menos en navidad. En navidad hay tanta concentración de amabilidad que hasta el aire empalaga.

Aires salobres

a Manoli Barroso

esa mañana las palabras traían olores a transparencias de albiñocas
rejuveneciendo las respiraciones del fango

a sal aventurera en los recovecos habitables de la piel

a jarampa en los bares colindantes al embarcadero

a palabras salinizándose en las nasas del tiempo

a jalabares babeantes de caldo de meriñaques

a vuelos de gaviotas en los linderos costeros

a ojos ciegos de atunes en la lota

a gotas de rocío remojando lamparones salitrosos

a música desprendida de los aletazos sincronizados del mar

a ovas de chocos transformándose en las marismas

a sardinas de alba en la canasta

a aire salobre

a agua salada

Corazones

a Mayu Macías

al árbol bondadoso
el corazón se le desplaza
a la visible corteza

corazones tiene el fuego
que apaga la llama
ante la sorpresa
de los corazones de agua

hasta al frío metal
le palpitan los corazones
por la desnudez abierta
de las rendijas transparentes

en el corazón de la palabra cabe:
la contemplación de la belleza y
la arrogancia de la bajeza

corazones de fango
corazones de hielo
corazones de cielo
corazones de tango

corazones

Árbol andante

a Diego el Sordo

nos han salido canas a la sombra de las hojas caídas del árbol
andante / árbol detector de trepas incorporados

árbol resistente en el desierto de los nudos corredizos
con ramas saboteadoras de pergaminos del Vaticano

árbol andante en el que se posan los pájaros
ante la venida de la oscuridad
para tomar vuelo al amanecer

silencio que crece a orillas de los escombros de la estulticia
y
hay flores que perfuman los estercoleros

árboles que florecen a la sombra de la rabia y
los pájaros escriben libertad en sus ramas

el uno para el silencio
el dos para el abrazo

Alerta

a Iñaqui Olano y a José Manuel Sayago

era invierno
la mañana había despertado fresca y
en un claro del retamar
se lavaba en la arena un pájaro

así la poesía
tamizada por el aire de la mañana

me desperté por la madrugada y
estábamos cada uno despatarrado
en su nido colectivo / pero los pies
se rozaban en un punto y
sonreí / me gustó el atrevimiento

así la poesía
conectada por hilos invisibles

acompañé a anillar crías de búho a un risco /
a orillas del río Guadiana / el nido
estaba majestuoso en los límites
de una macabra y
especulativa urbanización

extrañados
gozamos con la desenvoltura
de la pareja de búhos

perforada por las embestidas
de la aniquilación
así la poesía
paciente ante la belleza

tronco muerto en la corriente del río y
dejarte llevar / como flor colectiva de nadie
en el embarcadero del olvido

así la poesía
alerta a las respiraciones del agua

COSAS 7

Comentario del Corregidor:

"Como primer impacto, estos primeros textos son mucho más leves y no son capaces de transmitir el·conjunto de lo que el libro tiene dentro. Si nos ponemos estratégicos y queremos captar al lector sintonizando en una onda o vibración determinada, es como si le sirviéramos un plato muy ligero de entremeses juguetones, sin hondura... Y creo que el libro no es eso... ¿Y si se invirtiera el orden de las dos secciones de esta parte (*De garzas*)? ¿Crees que trastocaría en exceso la composición, tu intención, el itinerario por el que pretendes llevar al lector? A mí, personalmente, esa primera sección me toca muy poco. Sin embargo, hay muchos momentos de la sección II y de las dos primeras secciones de *De garzas y otros pájaros* que si me gustan mucho... "

Presuntamente acertados los comentarios del Corregidor. Aunque a veces hay amores que sin tocar dislocan los tocares. No tocan, pero aparecen manos en los sueños tocando lo que deben y lo que no deben tocar. Vamos, tocándolo todo sin miramientos. Son las cosas que tiene el escribir, unas veces escribes sin pretenderlo y toca, y otras no toca las fibras del lector, aunque coloques tres libros inéditos sobre la mesa de los tocamientos —cosas de amores imposibles, que siendo amores tan de verdad como los de verdad, viven del agua del rocío como los lirios que lilas perfumes en las alcobas del aire—. Los relees y sacas la conclusión de que nada de nada, farfulla rebozada en vinagre. Al escribir se corren riesgos, no lo duden, hay que tener cuidado con contaminar lo menos posible. Escribir engancha y los enganches traen problemillas de adicción. Pero si no te enganchas, mejor que olvides la escritura. Me estoy perdiendo... ¿Estoy platicando de la poesía o de la literatura en general? No es lo mismo... Y quien se crea lo contrario está muy equivocado... Esta pequeña sentencia era la puntilla del tío Paco el Tango en noches de jarana.

La sección I *De garzas y otros pájaros* desapareció del librito y fue acogida en *Sobras* con cierta incertidumbre. Lo titulé *Trabalilas* jugueteando con un verso de Francisco Pino. Y ahí lo dejo…

Trabalilas

hay lilas en los lilos
francisco pino

1

para qué sirve la poesía

si los lilos no lilas

¿o

lilas los lilos?

si lilia el lilium

la poesía lilie

pero si los lilos

no lilas

no hay lilia

que lilium

a la poesía

2

versos deshojados a veces lilas

entrelazan la hondura poética

en ovillos trabalilas

florecen los lirios

regados por la luz oculta

en la sombra del vuelo

de las garzas

pero lilas los lilos

3

los lirios lilian

¿o

no lilian los lirios?

si los lirios liliaran

las garzas garzos

crepúsculos en sus vuelos

silencios en los espejos

de los esteros

agua de lirios

4

lilos salvajes lilas

en macetas sin fondo

música de leña ardiendo

en el borrajo de la candela

risas de pájaros traen lilas

en las patas de las garzas

microsueños desliando

lirios en sábanas livianas

5

deslila el lilas

¿o

el lilas lilos?

hamacas de atardeceres

delirio de lirios

las garzas garzos
zarzos azulados

pero deslila el lilas

¿o

alivia el rezumar del lirio?

6

ponle puntales a estos versos

—si te atreves—

para que se sostengan

ajetreos de trabalilas

en noches de luna sembrada

en medio de un campo de lirios

las patas de las garzas

sostienen al mundo

en cabestrillo

COSAS 8

Escribo este intento de poema —por si acaso— para dejarlo medio sentado. El personal que más me conoce —por acompañamiento generacional—, ya anda tocando las caricias del chocheo. Y ahí —se pierden los papeles fácilmente— puede que a alguien le de el puntito sentimental por montar el espectáculo y la jodamos. Mejor dicho, me contamine la fiesta. Las cosas se dicen una y otra vez, se repiten varias veces más, para que alguien por lo menos las retenga, pero al final nadie se quiere enterar. No se enteran o no quieren —ya, a estas alturas, quien no tiene problemas de sordera se lo trabaja con premeditación y perfidia—, que no sabemos si no es peor. Ahí lo dejo, a ver si alguien se digna a respetarme las últimas voluntades, ja, ja, ja, ja, ja…

desautorizo los discursos
de las amistades

los presidentes de algo
que se abstengan

los parlamentarios de nada
que me olviden

los alcaldes
que cierren la cremallera

los curas
a sus misas

los poetas
a sus versos

de banderas

plumas de pájaros

de coronas de flores
olores a saperas y retamas

de lágrimas
estiércol en el navazo

óiganlo bien
para que nadie
se lleve un chasco

en mi entierro
decido yo
que soy el muerto

COSAS 9

Ahí os dejo una serie de anotaciones rescatadas en los bordes de los cuadernos o extraídas de un empacho de letras imberbes e innecesarias; literariamente hablando.

*****

1. Clítoris: fruta tropical adherida al higo y cuya maduración se ve favorecida por el rebujo de la feromona y la subida de las temperaturas eróticas ambientales.

*****

2. Quién antisistema

las pelotas de estiércol de los escarabajos peloteros
o las cabezas sintéticas de los golfistas
a cuarenta grados a la sombra.

*****

3. El problema insalvable de las izquierdas es que en sus votantes, simpatizantes, militantes, mandos y mandazos, predomina el pensamiento de izquierda capitalista.

*****

4. La revolución de los pijos / (Paco Ibáñez) / sobre el mayo 68.
Eso dijo.

*****

5. Las farmacias son los ángeles de la guarda

del colectivo insomniovista.

*****

6. Cuando los chichirivainas llaman a tu puerta traen oculto el billete de la recompensa en el retrovisor engañifa del alma.

*****

7. Cuando ando en poesía veo más claro. No necesito gafas, Ja, ja, ja, eso se lo cuentas a quien no te conozca, respondió Amín Gaver.

*****

8. Teorizar la poesía... ¡por favor!, ¡qué barbaridades más absurdas se escuchan por el ferial!

*****

9. Los pájaros, aquel amanecer tiznado de explosiones, perseguían a sus sombras.

*****

COSAS 10

Hay historias que brotan a deshora y sin querer, atraídas por un magnetismo extraño incubado en las periferias fluviales del fango seco. Hubo una época que me dio el puntito cachondo por recoger anécdotas y chascarrillos de las lecturas, los encuentros poéticos y demás inventos —que no eventos— colaterales invisibles. Las cosas del escribir, vienen y van, son como el viento, unas veces sopla de levante y, cuando te descuidas, el poniente revoca impunemente en tus mismas narices. Si no me equivoco, es al primer libro al que le pongo fecha de terminación —estoy hablando de *Los poetas cuando se emborrachan forman una familia*— intencionalmente. Sabía, de antemano, que iba a tener problemas con el personal artístico. Tengo que admitir que ya los he tenido antes de publicarse. He tenido problemas escamosos con algunos de quienes salen en el libro, conque imagínense la carga que me van a dar quienes no vean sus nombres por ninguna parte del ferial poético. Curándome en salud, corté por lo sano y, al final del libro, puse la fecha de terminación. Ya sabéis, como diciendo: del 2004 para adelante, que nadie me pida explicaciones. La historia de Felipe Zapico estaba fuera de plazo, llegó tarde a *Los poetas cuando se emborrachan forman una familia*, pero en *Sobras* fue acogido con los brazos abiertos. Además, estaba dispuesto a jugarme el tipo, había que buscarle un hueco. Ya os lo digo de antemano, buscarle un hueco no es nada fácil. Por ejemplo, si a Felipe Zapico hubiésemos tenido que esconderlo de las fuerzas golpistas o paramilitares en la guerra civil —cosa que nadie pondrá en duda—, no le arriendo las ganancias a quienes hubiésemos tenido que cavar el escondite.

Felipe Zapico

María Pérez Mancera (coordinadora de Noviembre Negro. Poesía para la Acción. Ateneo Libertario de Badajoz) me pide que escriba un paripé biográfico poético sobre Felipe Zapico para su presentación. Al leer el correo electrónico, el primer impulso que me viene a la cabeza es contestarle: querida María, los poetas no escriben por encargo, bastante tienen con escribir y después tener que leer en público. Pero frené el impulso y le contesté sonriente, Ja, ja, ja, ja.... tendrás que leer con punto y coma todo lo que escriba sobre él. Ella (María) le llama Zapi y me harto de reír. Llamarle al trotamundos grandullón hiperactivo de Felipe Zapico, Zapi, suena bellamente entrañable. Yo le llamaría Zapicón, con ternura claro, pero él debe recordar que a mí me costó llamarle Felipe Zapico, le llamaba Felipe Zapito.

Fiesta-encuentro Voces del Extremo–Crecida, casa de las Retamas, una y media de la madrugada, lectura a mogollón (eso, jam poético). Y le doy un toque, Zapito, tu turno. Y el trotamundos grandullón hiperactivo me aclara, Zapito, no, Zapico, Ah, le contesto encogiéndome de hombros. Más tarde aparece en escena Marcos Gualda —encargado de ponerme en conocimiento de las personalidades culturales que pasan por la fiesta-encuentro— y me pregunta, ¿Tú de qué conoces al vocalista de los Deicidas?, ¿A quién, a Felipe Zapico?, ¿A Felipe Zapito?, ni idea, Tío, no te suena la canción *Moderno de cartón piedra* de los Deicidas. Fue un grupo rock puntero de los ochenta, Ni idea, soy casi analfabeto total en materia musical...

Son cosas que pasan y se quedan bailando la comba en la memoria, a la espera de un flash momentáneo que sopese el cocimiento. Por ejemplo: *no escribo para otros // escribir para nadie / me compromete*. Estos y otros versos nos unen en el desvelo poético. Y ahí anda en el intento Felipe Zapico, dejando caer en la maceta la gota de agua resucitadora para ver si hay suerte y florece el misterio en una de estas crecidas turbadoras.

¿Qué, te animas a leer en León?

Callo.

Tío, te subo desde Ayamonte a León.

Callo.

Te digo que bajo a buscarte... Para mí es un honor leer contigo en León.

León está muy lejos, Felipe...

Bueno lo acercamos un poquito en el mapa a ver si cuela, qué te parece.

Muy muy complicado…

COSAS 11

Jesús Fernández González

Jesús, ¿te acuerdas?
fuimos hermanos poéticos

compartimos la inocencia de los versos caídos
en cestos de esparto sin fondo

jugamos a aprendices de poetas malditos
pero las puertas falsas de los patios
tenían las cerraduras oxidadas

la luz de los vientos de los ochenta
nos dibujó cicatrices tatuadas en la piel

tú por la Huerta el Cristo
yo por los campos de Canela

dos mundos equidistantes
con sus sombras y sus luces

a veces teníamos encontronazos leves
cosas de corrientes poéticas al uso

hablo de ti como si fuera yo
pero yo no era tú

a ti la melancolía te absorbía
a buches lentos en tazas de café negro

a mí el desamparo me abrazaba
en el temblor del verso
despellejando la piel de las retamas

pero ya sabes, Jesús
seguiremos teniendo pendiente
un plato de papas fritas con huevos

    Con este poema dedicado a Jesús Fernández cierro el librito por hoy —bueno, también con las papas fritas con huevos. Jesús con mi madre tenía un puntito especial. Conectaban conversando a la sombra de los pájaros en el patio, y las papas fritas de Canela fue el vínculo que sin duda los unió en el tiempo. Un día llegamos a la casa de mis padres fuera de horario comestible y mi madre echó mano de un plato muy socorrido en ciertas ocasiones. Ya sabéis, las papas fritas con huevos. Él visitaba a mis padres varias veces al año, hasta que dejó de ir… Pero cuando nos encontrábamos por alguna bocacalle del olvido nunca dejó de preguntarme por ella, anduviera con los hilos nublados o con la sonrisa socarrona detrás de las orejas—. No lo cierro, sino que dejo las puertas abiertas a otras historias o a otros rebuscos. En verano, una de mis actividades preferidas es la de releer historias o poemas o lo que sea que se haya quedado durmiendo la siesta en el escritorio a la espera de que sean rescatados de las carpetas azules. Es mi deporte preferido —ir masajeando las agujetas para entrar suavemente en los campos poblados de palabras— y voy poniéndome en forma a ritmo lento, sin excesivos agobios ni ataques de ansiedad. Cuando me siento un poquito pelmazo —me suele ocurrir en época de desamparo poético—, me encomiendo a la paciencia apaciguadora de los escarabajos peloteros y me digo: eh, déjate de entrar al trapo a la primera de cambio. No te tires a la yugular de nadie porque puedes terminar con un ramalazo de tortícolis mental estratosférica. Lo que tengas que desembuchar lo escribes sin ningún tipo de censura adicional. Y a quien no le guste, pues siete x siete: cuarenta y siete + dos = cuarenta y nueve.

Bueno, ya acabo. No sé si volveré a escribir otro tipo de libro hermano de *Sobras*, pero lo que he sacado claro de esta experiencia indagadora es que las pequeñas cosas o los detalles dejados por los rincones de la vida son indispensables para seguir caminando por este mundo tan pobre de solemnidad y tan tristemente abocado al desastre.

ÍNDICE

Eladio Orta / Isla Canela- Ayamonte / (Huelva) 1957

Libros de poesía publicados:

Encuentro en H (1994)
En tránsito (1995)
Resistencia por Estética (1998)
Berenjenas pa los Pavos (2003)
+ de poemas tontos (2003)
Sincronía del Solejero (2004)
Antisonetos (2007)
Vacío Tácito (2007)
Traductor del Médium (2009)
Tierrafirmista (2010)
Cangrejo Violinista (2012)
Ridiculum Vitae (2014)
Ahínco (2015)
De garzas y otros pájaros (2015)
45 poemas tontos y 8 latigazos (2016)
Soy de derechas (2017)

Libros de prosa publicados:

Los cuadernos del tío Prudencio (1992)
Leche de Camello (1999)
La isla de las Retamas (2013)
Los ojos de los Fornecos (2017)
El camino de la Raya (2018)

www.ingramcontent.com/pod-product-compliance
Lightning Source LLC
Chambersburg PA
CBHW071023040426
42443CB00007B/913